U0906058

華中科技大學出版社
http://press.hust.edu.cn
中国·武汉

前言 Preface

欢迎你踏上这场奇妙的历史文化之旅——一次穿越时间和空间，与文物对话的机会。在这套图书中，我们将带你走进10座极富特色的中国博物馆，一窥那些见证历史沧桑、承载文明智慧的国宝。

每一座博物馆都是一座宝库，不仅收藏着数不清的历史珍品与艺术精品，更蕴含着无尽的知识和故事。在这些博物馆宁静的大厅里，时间似乎停滞了。古代工匠们的智慧和才能，历史的波澜和变迁，使得每一件展品都鲜活起来，等待着我们去发现和了解。

从甘肃省博物馆的历史厚重到首都博物馆的皇家气韵，从成都博物馆的天府风采到广东省博物馆的岭南风情，从布达拉宫的神秘庄严到敦煌博物馆的视觉震撼，从殷墟博物馆的商代遗迹到秦始皇帝陵博物院的兵马雄风，再到中国丝绸博物馆、新疆维吾尔自治区博物馆的地域特色，本套图书将为你开启一扇时光之门，带你走进一处处国家宝藏胜地。

我们深知，以一套书的有限篇幅，无法完整展现每座博物馆所有重要的国宝。于是，我们从文物的历史和文化价值、工艺水平、独特性与创新性，以及社会知名度和影响力等多方面综合考量，精心挑选了每座博物馆的20～24件最具代表性的珍贵文物。它们有的是各自博物馆的镇馆之宝，有的是某个时代的历史见证。此外，为了让读者更清晰地对文物进行了解和比较，我们将文物按不同类型来介绍。通过这些文物，读者不仅能欣赏到数千年间的艺术瑰宝，更能深入探索中华文明的发展脉络，体会历史的深度与厚重。

你即将翻阅的是敦煌博物馆分册。这座形如烽燧的现代建筑，蕴藏着跨越三千年历史的文明密码。欣赏书中的文物，仿佛能听见穿越汉唐的驼铃声，似乎能看见商旅云集的沙州古城。汉简上的墨迹揭开丝路驿站的繁忙日常，北凉石塔以八卦与佛像演绎佛教汉化。从汉锦残片的丝路纹样到西夏水月观音的神秘构图，这些沉睡千年的文物如凝固的史诗，每一件都在诉说着敦煌文明的魅力。

我们相信，这不仅是一次认知和学习的过程，更是一次心灵和情感的旅行。我们希望，这套图书能够激起你对历史的好奇心，唤起你对传统文化的尊重和保护，更希望这趟文化之旅成为你心中宝贵的记忆。

目录 Contents

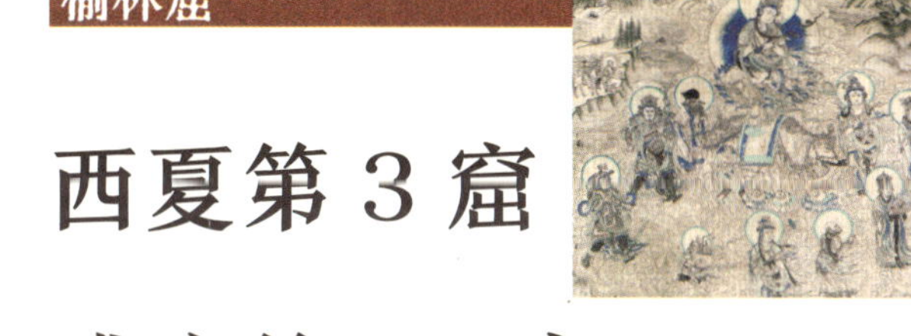

博物馆概况

敦煌博物馆（Dunhuang Museum）位于甘肃省酒泉市敦煌市鸣山北路1390号，于2020年被评为国家二级博物馆。该博物馆集文物保护、研究、征集、收藏、陈列展出于一体，不仅是文物保护和研究的前沿阵地，更是传播敦煌文化的重要窗口。

位置与规模

在河西走廊西端，一座形如烽燧的现代建筑静静矗立。这就是承载着丝路文明记忆的敦煌博物馆。自1979年成立以来，它犹如一把钥匙，为世人打开了敦煌三千年历史的神秘大门。

这座由建筑大师崔恺主持设计的现代化博物馆，巧妙融合了长城、烽燧及古城堡式建筑等文化符号，米黄色外立面犹如大漠黄沙。馆内7500平方米的空间里，以“华戎交会的都市”为展览主题，设6个展厅，将馆内珍贵文物串联成一部立体的敦煌通史。从新石器时代的陶罐到明清时期的瓷器，从汉简上的戍边文书到藏经洞的吐蕃文典籍，都是敦煌历史的“见证者”。

敦煌博物馆内设展厅与文物库房、放映厅、休息室等场所，先后荣获“全国文物工作先进集体”“科普教育基地”等荣誉，自2008年起免费开放。当夕阳的余晖洒在博物馆的城垛形屋顶，那些沉睡千年的文物仿佛被赋予了新的生命，继续向世界讲述着敦煌的故事。

敦煌博物馆成立于1979年，2011年由建筑大师崔恺主持设计的新馆落成，以长城烽燧为灵感的建筑形态成为城市文化地标。其历经四十余年发展，从区域性文物保护机构跃升为国家二级博物馆，为丝路文明的传播做出了重要贡献。

○ 扎根丝路的文化基石（1979—2011）

敦煌博物馆前身是敦煌县文化馆考古组，初期以简陋场馆开启文物保护征程，随着敦煌设立为县级市，博物馆在发展进步中不断推进文物保护与展示工作。2008年，敦煌博物馆被列为甘肃省首批免费开放的博物馆之一，此举不仅让千年敦煌文明以更开放的姿态滋养大众心灵，更成为甘肃省公共文化服务体系建设的标杆。

○ 从区域保护到国际视野（2011 年至今）

2011年，敦煌博物馆新馆成立。新馆建成后，博物馆实现跨越式发展，2013年获评国家三级博物馆，2020年晋升为国家二级博物馆。博物馆积极推进敦煌文物保护工作，落实文物的收集保护与文化推广任务，成为集文物保护、学术研究、文化传播于一体的国际文化交流平台，荣获“全国文物工作先进集体”“甘肃省爱国主义教育基地”“甘肃省第一次可移动文物普查工作先进集体”等多项国家级荣誉。

藏品概况

敦煌博物馆馆藏文物时间跨度大，种类丰富，其中大部分为两关遗址和汉长城烽燧、驿站出土的军事、生活用品，以及悬泉置遗址、马圈湾遗址、祁家湾墓群、佛爷庙墓群等墓葬遗址出土的不同时期文物，每一件文物都诉说着敦煌作为丝绸之路咽喉的传奇。

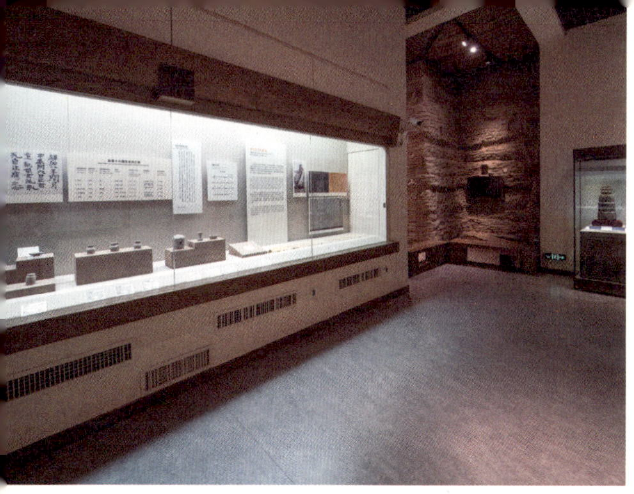

敦煌博物馆作为国家二级博物馆，馆藏文物时间跨度大，上迄新石器时代，下至明清时期，涵盖敦煌各个历史阶段。如两关遗址和汉长城烽燧、驿站等出土的文物，诉说着敦煌的古老；敦煌汉简记录了汉晋时敦煌地区屯田戍边的情况，为研究当时的军事、经济等提供了重要资料。敦煌博物馆是古丝绸之路兴盛辉煌的历史印记，同时也是弘扬敦煌文化、展示敦煌古代文明的重要窗口。

敦煌博物馆馆藏文物13481件（套），包含石器、陶器、铜器、砖刻等14类，其中一级文物138件（套），二级文物411件（套），三级文物1404件（套）。

馆内收藏的汉历书简册，为研究中国古代历法体系的形成提供了关键物证；北凉石塔是已知河西地区最早的佛教艺术珍品，体现了当时高超的艺术水准；敦煌莫高窟第45窟复原模型为观众沉浸式地还原了莫高窟内的精美塑像与壁画。

展览设置

敦煌博物馆的展览主要以《华戎交会的都市——敦煌历史与丝绸之路文物陈列》常设展展开，以时间脉络介绍敦煌历史及珍藏文物。此外博物馆还会定期举行临时展览，为敦煌以及各地民众介绍展示全方位的历史、文化知识。

○ 基本陈列

敦煌博物馆的常设展以“华戎交会的都市——敦煌历史与丝绸之路文物陈列”为主题，采用大厅式与贯通式结合的布局，设有1个序厅和5个展厅，共有8个单元，全方位地展现敦煌的历史变迁。

第一展厅聚焦两汉时期敦煌的大发展。通过大量图板与出土文物，带观众领略丝绸之路的繁盛时期。

第二展厅呈现魏晋南北朝时期敦煌的继续发展。这一时期出土文物丰富，展厅通过展示出土花砖、将士兵器、生活用品等，反映出当时文化的繁荣。

第三展厅展现隋唐五代时期敦煌的繁盛景象。隋唐五代是敦煌历史上的辉煌阶段，社会生产、经济文化达到顶峰。敦煌成为中西交通枢纽。

第四展厅介绍西夏与元、明时期的敦煌。重点介绍西夏的历史文化，整体展览体现西夏风格，展现西夏民族粗犷、豪放的性格。

第五展厅围绕清代对敦煌的开发展开，以图、文、实物相结合的方式展示了清代敦煌的面貌。

○ 主题展览及临时展览

除了基本陈列以外，敦煌博物馆还通过策划一系列主题鲜明、形式新颖的临时展览，构建起多层次的文化展示体系。例如“丝路要塞 西陲雄风——酒泉长城专题展”“融合之路——拓跋鲜卑迁徙与发展历程”“东亚文化之都 · 温州”等临时展览，既深化了公众对敦煌本土文化的认知，又通过跨地域、跨领域的对话，让文物活起来，持续焕发新的时代光彩。

莫高窟洞窟位置图

注意 因敦煌博物馆内无明确释义地图指引，因此此处特向读者展示敦煌莫高窟的洞窟位置图。

莫高窟分南北两区，南区石窟492个，北区洞窟243个。北区主要为僧人禅修、居住的场所，以及埋葬僧人遗体的瘗窟，其中大多没有壁画和彩塑，故此图不录。图中序号标记为现行敦煌莫高窟洞窟编号（2003年敦煌研究院编）。本图只标记少数关键洞窟。

镇馆之宝

敦煌莫高窟第45窟复原模型

汉历书简册

北凉石塔

明四臂观音铜佛像

敦煌莫高窟第45窟复原模型

洞窟顶部为覆斗藻井顶，四披彩绘千佛。

西壁龛内北侧的弟子迦叶，身着朴素的服饰，胸部半袒，面容清瘦，神情内敛，流露出沉稳持重、阅历丰富的神态。

国宝名称： 敦煌莫高窟第45窟复原模型

所属年代： 唐

原窟位置： 甘肃省敦煌市莫高窟南区中段下层

展馆人员将精美的敦煌莫高窟第45窟精准复制，在敦煌博物馆的展厅中展出并呈现在观众面前。

莫高窟第45窟是佛教艺术在盛唐时期的代表之作，是这一时期莫高窟的最高水准。该窟形制为覆斗形顶，西壁开凿一平顶敞口龛，龛内现存一铺七身像，考古学者分析这里原来应当为一佛二弟子二菩萨二天王二力士的一铺九身形制，可惜龛外两侧的力士像已毁。在塑像之后的龛壁和龛顶上还绘有八弟子、诸菩萨、天龙八部和飞天等形象，宛然一场盛大的净土说法。

龛中主尊为一彩塑跏趺坐佛，眉目慈和。主尊两侧从内到外依次为阿难和迦叶、两位菩萨及两位天王。塑像面容皆栩栩如生，衣服上绘有精细华美的纹饰，尤其是两侧的观世音菩萨和大势至菩萨，被认为是唐代彩塑菩萨的上乘之作。

两尊菩萨像身姿婀娜，肌肤莹润，服饰精美，表情恬静慈祥，呈现出“一波三折”的人体动态，头、胸、臀三部分在空间中形成优美的扭倾状。

这两尊菩萨像虽然带有一丝女性的柔美，但又完全不让人觉得媚俗，反而给人一种超脱的神性之美，充分展现出盛唐匠人对人体结构的精准把握和高超的泥塑技艺。

位于洞窟中心位置的佛像为释迦牟尼，佛像头顶高耸螺纹肉髻，面部丰润，慈眉善目，呈端坐说法之姿。服饰则具有明显的印度风格，然而垂落的衣纹刻画又表现出与本土相融合的风格。佛像形体塑造精准大气，彩绘华美，颇具盛唐风范。

莫高窟第45窟北壁的观无量寿经变，依据《观无量寿经》绘制而成。壁画的主体部分描绘了西方极乐世界的繁华盛景，七宝池中宫殿楼阁林立，曲栏平台错落有致，无量寿佛端坐在莲花宝座上，观音、势至菩萨分立两旁，众多圣众环绕周围，庄严肃穆。平台上，乐队演奏着法乐，舞伎翩翩起舞，迦陵频伽也在一旁载歌载舞，展现出一片祥和欢乐的景象。

净土图的两侧分别绘制了“未生怨”和“十六观”两则故事壁画。例如十六观画面描绘了韦提希夫人因未生怨而决心皈依佛法，通过十六种观想方法往生西方净土的过程。

无量寿佛下方两侧各有乐伎七人，手中分别持有琵琶、鼓、竖琴等乐器，是研究唐代乐器的重要图像资料。

无量寿佛位居画面中心，面容慈祥，结跏趺坐于莲台之上，深褐色肌肤与通肩式袈裟形成鲜明对比，凸显了佛教初传中国时的异域风貌。

在莫高窟第45窟南壁，有一铺根据《妙法莲华经·观世音菩萨普门品》绘制的观世音经变壁画。该壁画将观世音立像置于正中间，两侧绘制大量说法故事并配榜题，构图重点突出，甚是恢宏。观世音上方画有一莲花摩尼宝盖，装饰有火焰纹、流苏等，富丽堂皇。观世音像则面容饱满，眉染翠色，双眼微睁，显得无比肃穆。观世音头戴红色宝冠，中有一小化佛；身披薄巾，颈部有大串繁复串珠璎珞，层层叠叠，绕身而下。观音一手持观音宝瓶，另一只手已难以辨认。

两侧的说法故事大致可以分为三排，上、中两排诠释其得道者说法的情态，有“应以大自在天身得度者，即现大自在天身而为说法”等文字。下排讲述“观世音救难”的故事，例如“遇火难”，又名“火坑难”，画面描绘当受害者被推入火坑时，默念观世音名号，观世音菩萨显身，将火焰化为莲池，火焰无法伤害受害者分毫的情景；又例如“刑戮难”，又名“刀杖难”，讲的是受刑者在遭受刑罚时，默念观世音菩萨名号，则观世音显灵，让即将打到受刑者身上的刀杖折断。这些精美的画面传递出唐代信众对观世音菩萨的广泛信仰。

小提示

这铺观世音经变壁画的右下角有一艘大帆船，画的是“渡船难”，根据壁画题记可知，此处意图表现人们行船时，遇海中的罗刹鬼、黑风等阻拦去路，只要船中有人念观世音菩萨的名号，则无怪敢来加害。图中这艘船是可以根据风力调整帆的位置来调整速度的船只，是敦煌壁画中最先进的船只类型。而莫高窟初唐时期开凿的第323窟北壁壁画上的小船（右图）则是敦煌壁画中最早出现的木质小船。

莫高窟第323窟北壁壁画局部（唐，美国哈佛艺术博物馆）

不同地域的石窟艺术

当佛教沿着丝绸之路的驼铃东渐，中华大地的岩壁上便绽开了朵朵信仰之花。从山西云冈的昙曜五窟到河南龙门的卢舍那大佛，从新疆克孜尔的千佛洞壁画到甘肃炳灵寺的唐代造像，这些散落在山河之间的石窟群，犹如一部部镌刻在石头上的文明史诗，记录着佛教艺术中国化的历史进程。

白佛爷洞（北魏，云冈石窟第20窟）

云冈石窟

位于山西大同的云冈石窟，得名于明代修筑于云冈石窟顶上的军事防御建筑云冈堡。云冈石窟始建于北魏和平年间，整体为东西走向，绵延一千米有余，现存的主要洞窟有45个，其中位于第20窟的“白佛爷洞”中的二佛魁伟雄健，气势伟岸雄浑，北魏鲜卑民族独特的彪悍审美观跃然其中，代表着北魏前期石窟造像艺术的最高技艺。

龙门石窟

位于河南洛阳的龙门石窟今存有窟龛2345个，造像10万余尊，碑刻题记2800余块，是世界上造像数量最多的石窟。背山面水的地形、旖旎动人的风景，将龙门山变成了修行的理想之所，皈依佛教的信徒来到此地，倚靠龙门山的天然洞穴，在洞穴内凿龛造像。龙门石窟始建于北魏，相继经历了东魏、西魏、北齐、北周、隋、唐、北宋等多个朝代，最终形成一个南北长达一千米、蔚为壮观的石窟造像群。龙门石窟在继承了云冈石窟“平城模式”的同时，还融入了更多的汉家风格和审美，呈现出世俗化的趋势。

克孜尔千佛洞

新疆克孜尔千佛洞壁画中的人物形象在整个中国石窟中独树一帜，体现了中西融合的独特艺术风格。壁画中的人物面容饱满，高鼻深目，为典型的少数民族长相。同时菩萨、金刚们往往被描绘为不同的肤色，画面装饰上大量使用的联珠纹则明显带有波斯、中亚地区的特点。

克孜尔千佛洞第171窟，善爱乾闼婆王皈依
（4—5世纪，德国柏林亚洲艺术博物馆）

炳灵寺石窟

甘肃的炳灵寺石窟扼守着古丝绸之路的要道，是连接中原与西域的重要交通枢纽。沿着黄河激流，穿过峰峦叠嶂的小积石山，便能看到一尊弥勒大佛屹立于崖壁之上。作为炳灵寺石窟最高大、最引人注目的造像，这尊弥勒大佛高达27米，修建于唐代开元年间，大佛神情肃穆，形体雄宏稳健，体现了唐代雕塑艺术的高度成就。

炳灵寺大佛（唐，炳灵寺石窟第171龛）

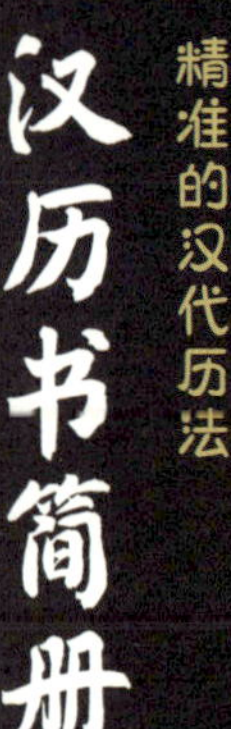

精准的汉代历法

《太初历》是汉武帝太初元年（公元前104年）颁布的历法，首次将二十四节气收入历法，确立正月为岁首，规定一年等于365.25日，还首次记录了五星运行的周期。

国宝名称：汉历书简册

所属年代：汉

出 土 地：甘肃省敦煌市汉长城清水沟东墩

汉历书简册长36～37厘米，每片宽0.6～1.3厘米。

汉历书简册是1990年出土于清水沟东墩的国家一级文物，现存27枚木简。简册以汉代隶书清晰记载着中国第一部完整历法《太初历》的核心内容。该简册不仅是现存最早的《太初历》实物，更印证了汉代“观象授时”的天文历法成就，为研究中国古代历法体系的形成提供了关键物证。

汉历书简册以宽度一致的竹片并列排布，并以麻绳固定成册，竹片残存部分长短不一，上方文字以隶书书写日期及节气、五星（水星、金星、火星、木星、土星）运行等历法信息，文字清秀工整，保存良好，是研究汉代书法艺术的重要参考。

竹简是流行于先秦至魏晋时期的书写材料，汉代竹简上的文字以隶书为主，隶书的特点为横画较长，竖画较短，蚕头燕尾，书写出的文字较扁。这件简书的发现不仅是研究汉代历法的文献资料，同时也是研究汉代书法的珍贵文物。

小提示

永光五年康居王使者自言献驼直不如实册
（汉，甘肃简牍博物馆）

在纸张盛行之前，竹简是最主要的书写记录材料。简牍是汉代文书体系的重要载体，多用于记录政治、经济、军事等信息。敦煌地区出土的汉简以悬泉置遗址最为著名，例如这件竹简中记录了使者从敦煌入关进献骆驼及边关官吏私自评估骆驼成色之事。

北凉石塔

佛教汉化的实证

覆莲纹塔盖

刻满经文的塔腹

国宝名称：北凉石塔

所属年代：十六国北凉

出 土 地：甘肃省敦煌市三危山王母宫供桌内

河西地区共出土有12座北凉石塔，此件石塔高36厘米。

北凉石塔的造像内容、文字、图符和艺术风格，真实地反映了当时我国佛教思想的发展，以及佛教在传播过程中与中国传统信仰相互融合的状况，是研究早期佛教艺术和佛教思想流派的珍贵文物。此件石塔巧妙地运用八卦符号，将晦涩的佛教教义与中国传统文化相结合，让佛教理论更易于被大众理解和接受，反映出当时佛教信仰已经深入民间，成为大众普遍的精神寄托，是展现佛教文化的艺术珍品。

石塔中部覆钵形塔肩周围开有八个圆拱形龛，上面装饰着单线大瓣覆莲，龛内为七佛与弥勒造像，按照八卦中的“帝出乎震”排列，意指七佛与弥勒的传承就像万物随着时空变化周而复始的生长过程。

石塔底部的八面体塔基每面都装饰减地平雕刻立像，现残存四面，上绘手持莲花、虔诚供奉的男女形象，每尊立像的左上方都刻有一个八卦符号，从震卦开始，按顺序止于艮卦，与《周易·说卦》里的八卦方位顺序完全一致。

北凉石塔造型精巧且独特，由八面体塔基、塔腹、覆钵形塔肩、塔颈、相轮和塔盖六部分构成。塔基下还保留着榫头，这表明原本它还有配套的塔座。

小提示

高善穆石造像塔
（十六国北凉，甘肃省博物馆）

在甘肃省酒泉市石佛湾子出土了一座高善穆石造像塔，由北凉时期一个名为“高善穆”的人为其父母祈福而造，是一座典型的“许愿塔”。高善穆石造像塔是目前已发现的中国模仿印度覆钵式塔的最早实例，且保存完好、雕刻精美，体现了佛教与中国本土文化的融合，反映了当时社会的宗教信仰和文化交流。

明四臂观音铜佛像

西藏的守护神

这件明四臂观音铜佛像通高41厘米，长22厘米，宽17厘米。

四臂观音被视为西藏的守护神，敦煌博物馆珍藏的明四臂观音铜佛像是藏传佛教造像艺术的杰出典范。

明代西藏造像在延续尼泊尔艺术传统的同时，融入中原审美意趣，此像面部清瘦、神态庄严的特征，正是这一时期汉藏艺术交融的生动体现。其精湛的铸造工艺与完整的历史传承，为研究明代藏传佛教造像艺术、汉藏文化的交流提供了珍贵实物例证。

国宝名称：明四臂观音铜佛像
所属年代：明
材　　质：黄铜

四臂观音铜佛像为黄铜材质制作，观音结跏趺坐于双层仰覆莲座之上，主臂双手当胸合十，后两臂在身后做佛教皈依手印，佛像神态平静，装饰华丽，飘带的柔和、身躯的肉感、珠珞的垂坠皆刻画得生动立体，展现了明代雕塑艺术的高超技艺。

观音双目闭合，眉弓如弯月舒展，眼帘如花瓣轻垂，慈眉善目，神情恬然，表现了闭目冥想的禅定状态，展现出佛教艺术中国化进程中对“神性”与“人性”的精妙平衡。观音头顶高髻，髻上顶一佛头，充满了庄严肃穆之感。

观音臂上的缎带线条流畅，在匠人的刻画下，坚硬的黄铜也能显得轻盈飘逸。

观音身披璎珞，服装上的纹理塑造清晰明确，在鎏金工艺的衬托之下更显华丽。观音下方的双层仰覆莲座是佛教造像艺术中“莲花座”的典型范式，其造型由两部分构成：下层为覆莲座，莲瓣呈放射状向下舒展，象征佛法如

国宝小知识

精美的佛教文物

佛教文化自两汉之际传入中原，历经千年嬗变，在中华大地上绽放出独特的艺术之花。当我们将目光投向敦煌之外的广阔天地，会发现散落着无数承载佛教内涵的艺术瑰宝，这些跨越时空的文物以金铜、砖石、织物等为载体，诉说着佛教艺术的多元魅力。

庄严肃穆的佛像

佛像是最常见佛教文物，不同时期的造像风格也不尽相同，例如这件造像中的弥勒佛面带慈祥的微笑，体态优雅，褒衣博带，具有典型北魏佛造像之特征。

青铜鎏金弥勒佛（北魏，美国大都会艺术博物馆）

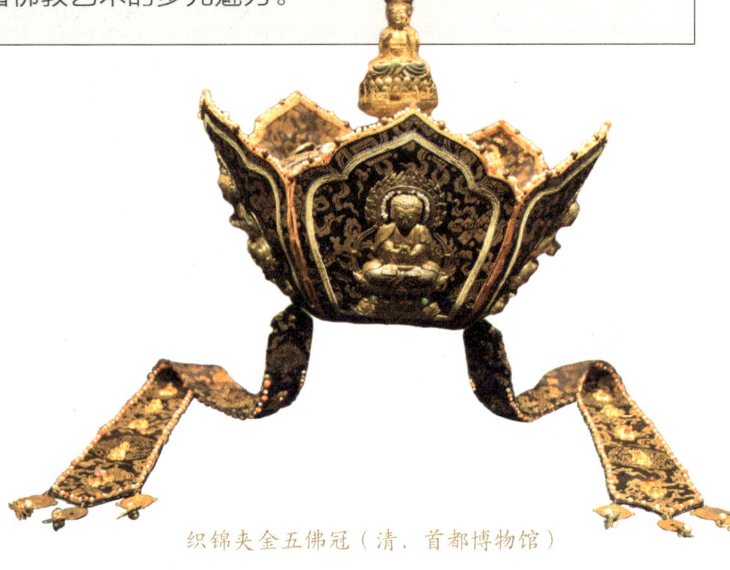

织锦夹金五佛冠（清，首都博物馆）

华丽的佛冠

佛冠是住持、方丈修行所戴冠帽，这件织锦夹金五佛冠，由五个莲瓣形锦片组成，每个锦片上镶镀金五方佛。佛冠上镶嵌有几百颗珍珠宝石，两侧各有一条绣着佛教纹饰的缯带，可谓雍容华贵。

铜胎画珐琅攒盒（清，台北故宫博物院）

包含佛像元素的工艺品

除了各类佛教文物，很多日常使用的工艺品中也常常会融入各种佛教元素，例如这件铜胎画珐琅攒盒的盒身上描绘了佛教八宝元素图案，作为吉祥纹样起到装饰性作用。

不同形制的佛塔

拓展话题

佛塔约于公元一世纪传入中国，最初用于供奉舍利、经卷和法物。佛塔在佛教汉化的过程中发展为各类不同的外形，例如覆钵式、楼阁式、密檐式等。除了地上的佛塔建筑，还有众多供奉于寺庙佛堂的小型佛塔文物，留存至今，成为国之瑰宝。

镀金嵌珊瑚松石藏式塔形龛
（清，台北故宫博物院）

覆钵式

这件镀金嵌珊瑚松石藏式塔形龛的塔身为圆形覆钵式，又称为喇嘛塔，上有十三相轮。塔上装饰有繁密的青金石以及珊瑚、碧玉、琥珀等宝石，造型华丽，是清代宫廷所制。

鎏金铜浮屠（唐，法门寺博物馆）

楼阁式

这件鎏金铜浮屠的结构为楼阁式，由塔基、塔身、塔刹组成，铜浮屠为攒尖顶，上有须弥座，座上有宝刹，做工精致，内藏佛舍利。专家结合史料记载推断该铜浮屠应为唐代法门寺的微缩模型。

三彩舍利塔（宋，河南博物院）

密檐式

这件三彩舍利塔结构精巧复杂，为方形密檐式七层宝塔，由基座、塔身、塔刹三部分组成，基座稳重厚实，塔身修长挺拔，塔刹高耸秀丽，整个塔的比例协调，给人以庄重、典雅的美感。

馆藏文物

砖石

陶器

其他文物

砖石

MASONRY

魏晋伏羲画像砖

神秘的祖先画像

国宝名称： 魏晋伏羲画像砖
所属年代： 东晋
出 土 地： 甘肃省敦煌市佛爷庙墓群

这件魏晋伏羲画像砖长37厘米，宽37厘米，厚5厘米。

这块画像砖为正方形，砖面以墨线勾边，内部以红、白、黑色晕染，勾勒出伏羲与金乌的神秘图景，它既是研究魏晋绘画技法的实物例证，也为研究古代宗教信仰、神话体系提供了关键材料。

古语有言："不以规矩，不能成方圆。"伏羲手中持规，代表着天，通常与持矩的女娲共同构成画面。

在伏羲身躯正中的圆圈内以墨色描绘一只金乌。金乌是中国古代对日中神鸟的想象。传说太阳中有三足乌，故以金乌代指太阳，象征光明与力量。此外，与之相对的女娲形象的腹部则常常绘有代表着月宫的蟾蜍。阴阳结合，反映了古人对宇宙和谐、神灵护佑的精神追求。

伏羲的蛇身以白色平涂，再辅以网格状墨线以及红色点状纹表现蛇身蟒纹。蛇身象征生命力的延续，这种形象很可能源于上古时期的图腾崇拜。

画面中的伏羲是传说中的三皇五帝之首，与女娲结婚繁衍，从而孕育了中华儿女。伏羲人首蛇身，以墨线勾勒，头戴三梁冠，发丝飞扬，面部已磨损，但可分辨出下颌蓄有胡须，背后生长羽翼，腹中圆环绘金乌。

伏羲女娲图（唐，韩国国立中央博物馆）

伏羲、女娲在后世依然是墓葬当中乐于表现的形象，例如这幅《伏羲女娲图》发现于新疆维吾尔自治区吐鲁番市的阿斯塔那古墓群中。画中伏羲、女娲人首蛇身，二人手拿"规""矩"，相对而视，搭肩相倚，着窄袖胡服，蛇身相互缠绕。此图不仅体现了胡汉文化的交融，也体现了古代朴素的宇宙观与对天地的向往与崇拜，对于研究当时的历史与文化具有重大意义。

西晋宝象雕刻彩绘砖

国宝名称：西晋宝象雕刻彩绘砖
所属年代：西晋
出 土 地：甘肃省敦煌市佛爷庙墓群

这件西晋宝象雕刻彩绘砖长33厘米，宽16厘米，厚6厘米。

彩绘砖采用减地平雕技法雕刻，并敷以各色彩绘，有别于传统画像砖、模印砖的装饰手法，形成了立体独特的艺术风格。白象在佛教中是具有代表性的瑞兽，威力与温顺并存，其形象常与菩萨关联，作为菩萨的坐骑出现。这件文物不仅展现了西晋工匠的精湛技艺，承载着古人对祥瑞寓意的精神寄托，更透过宝象造型折射出当时佛教文化的传播脉络，成为研究古代宗教文化与艺术审美的珍贵实证。

通过减地平雕技法，白象整体以平面的方式凸出画面，白象轮廓内以流畅的线条勾画垂首曲鼻、大耳剑齿的动物形象。

象背披挂的鞍毯上的波浪纹彩绘排列有序，粗线与细线相间排列，四周点缀的花纹更添灵动感。

西晋宝象雕刻彩绘砖正面四周围绕方直的宽棱，并以朱红色涂饰，内部在黑色背景的画面内以减地雕刻法平雕一白象，白象腹部线条流畅，臀部圆融，似正稳步前行，后胯饰羽毛状纹样，象背鞍毯刻画细致。

小提示

掐丝珐琅太平有象（清，台北故宫博物院）

白象形象作为祥瑞的象征常出现在古代的文物以及书画作品当中，例如这件掐丝珐琅太平有象，白象驮一带有“太平”寓意的宝瓶，象鞍与象毯花纹繁密，展现了佛教文化在工艺品制作中的发展与延续。

西晋猞猁雕刻彩绘砖

具象化的『神奇动物』

本彩绘砖上雕刻的猞猁背部生双翼，后方双尾，在以白色描绘的身体上又以黑色墨线勾勒毛发细节。此外，敦煌地区的猞猁图像常与六牙白象图像相联系，象征阴阳两极。

国宝名称：西晋猞猁雕刻彩绘砖
所属年代：西晋
出 土 地：甘肃省敦煌市佛爷庙墓群

这件西晋猞猁雕刻彩绘砖长33厘米，宽16厘米，厚6厘米。

彩绘砖以减地平雕技法雕刻一只行进中的猞猁。在佛爷庙墓群中出土了许多猞猁画像砖，关于魏晋时期猞猁的文化属性，学术界仍有争议，有人认为其来源于早期佛教图像系统，也有人认为它是本土的祥瑞形象。佛爷庙墓群的猞猁雕刻彩绘砖折射出魏晋时期多元文化交融的特质，不仅展现了西晋工匠在动态捕捉方面的高超技艺，还为研究猞猁这一图像的演变轨迹提供了实物依据。

彩绘砖红色边框，黑色背景，画面正中刻画的狻猊头部高昂，粗颈双尾，头上长角，背部生翼，呈现奔走的瞬时动态。在黑色背景的衬托下，以白色为底色的狻猊仿佛下一秒便要跃出画面一般，充满了活泼跳脱之感。

狻猊头部高昂，眼睛炯炯有神，双耳间立一独角，这是狻猊的典型特征之一。魏晋墓葬中的狻猊形象承载着复杂的文化内涵。作为汉代神兽体系的延续，狻猊常与龙、虎、麒麟等共同构成墓门或横楣的祥瑞序列。

在彩绘砖的背景上以白色颜料画出点状纹饰，虽然简约但装饰性十足，丰富了彩绘砖的画面感。

小提示

在佛爷庙墓群中出土了众多灵兽画像砖，例如右图彩绘砖雕刻的神兽为“辟邪”，又称“受福”，呈奔走状，背后生羽翼，头上长角，身躯更为灵动纤长，同样是魏晋时期的镇墓瑞兽。

西晋辟邪雕刻彩绘砖（西晋，敦煌博物馆）

两汉魏晋时期的砖石艺术

两汉魏晋时期，中国工匠用刻刀在砖石上书写着时代精神，将历史传说、美好信仰与市井生活凝固成永恒的艺术篇章。这些图案丰富多样的画像石、画像砖，不仅是建筑构件，更是有助于研究当时社会文化与生活的一部部立体的百科全书。

东汉“二十四字”吉言砖
（东汉，四川博物院）

莲花藻井
（魏晋，敦煌博物馆）

文字、几何类

画像石、画像砖上常常出现文字和几何图案。左侧这件东汉“二十四字”吉言砖是目前出土最大的字砖，上方文字展现了汉代人对美好生活的向往。而右侧这件莲花藻井将现实中的莲花平面化、几何化处理，并以充满视觉反差的红、黑两色来表现，装饰性十足。

典故类

这组砖画绘竹林七贤与荣启期谈玄饮酒的画面，这是南朝贵族墓常见的题材之一。相传作者是陆探微。砖画采用近三百块模印画砖拼砌而成，人物线条流畅，形象清瘦，是典型的“瘦骨清像”风格。八人席地而坐，人物体态与神情各不相同。砖画在墓室中分左右两侧相对排列，因此画面与人物排布对称，和谐中又各有特色。

竹林七贤与荣启期砖画（南朝，南京博物院）

东汉轺车骑从画像砖（东汉，四川博物院）

生活类

这块画像砖描绘了头戴黑帻、身着皂缘领袖中衣的驿使策马疾驰于古丝绸之路的生动场景，是中国古代邮驿文化的重要见证，也侧面展现了甘肃作为丝绸之路重要节点的交通地位。

神人瑞兽类

汉代画像石中经常会有“羽人”“灵兽”的图像。例如仙人六博图石函细致刻画了两个羽人相对而坐、博弈对局的生动场景。左侧羽人一手前伸，似乎正欲下子，而右侧羽人则双手高举，显得兴奋而激动。而下图中另一件以灵兽白虎为主体图像的画像砖上，虎身细长矫健，张牙舞爪，线条飘逸，颇具魏晋风范。

仙人六博图石函（残）（东汉，四川博物院）

画像砖（南朝，中国国家博物馆）

五代模制龙、凤砖

模制砖即先制作雕刻好纹样的砖模，再内填砖土塑性烧制，从而快速大量地制作出纹样复杂的砖。

龙的造型独特，骨架棱角分明，瘦削却不失威严。龙身前屈后伸，在起伏转折间勾勒出动态轨迹，龙首高昂，张口吟啸，仿佛正发出震慑天地的声响；前肢蹬腾，后肢行进，配合鬣鬃飞扬、扬爪搅尾的姿态，将龙行天地的气势展现得淋漓尽致。

国宝名称：五代模制龙、凤砖
所属年代：五代
出 土 地：甘肃省敦煌市三危山老君堂

这两件五代模制龙、凤砖分别长52厘米，宽26厘米，厚8.5厘米。

这两件模制砖不仅代表着五代时期的工艺水准，更以生动的造型展现了古人对祥瑞神兽的想象与刻画。从艺术角度看，它们展现了五代时期模印砖雕的高超水准，无论是龙的刚健还是凤的优雅，都通过浮雕技法实现了造型与神韵的统一。从文化层面而言，龙与凤作为中华民族传统文化中的祥瑞符号，通过砖雕形式反映了当时人们对美好生活的向往与精神追求。

灰色长方形砖体上，图案以模印凸起，呈高浮雕状。神龙气势磅礴，足下生风；凤鸟口衔飘带，振翅飞翔。每一处线条都精准展现出龙凤的力量感与运动感，让砖石上的龙凤获得了永恒的生命力，成为五代时期模印花砖中的精品典范。

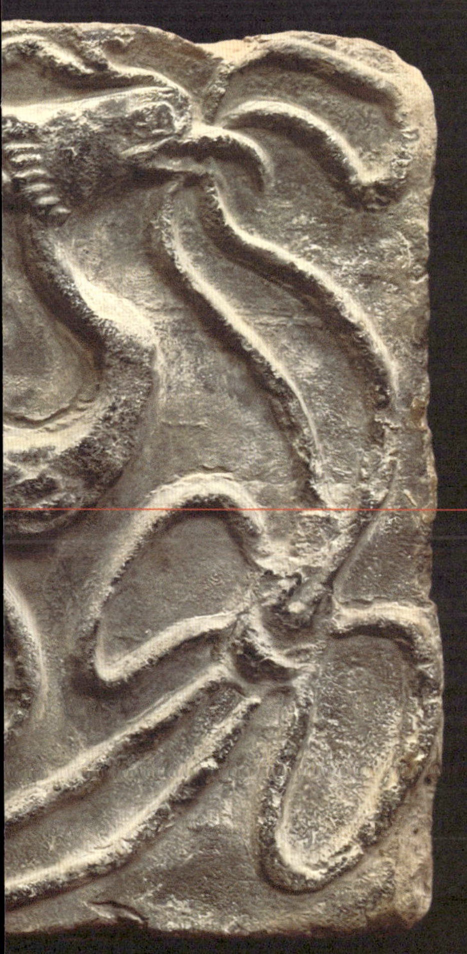

凤砖以模印高浮雕呈现图案。凤首高昂，长颈弯曲，喙部微张，衔着“同心结”飘带，这一细节为凤凰增添了几分灵动与祥瑞之意。工匠对凤凰的羽毛、体态进行了精细雕琢，从颈部曲线到尾翎的层次，均展现出高超技法，既保留了神鸟的庄重，又通过飘带、振翅等细节为其注入了生动的气韵。

国宝小知识

文物中的龙飞凤舞

在中华文明的基因图谱里，龙与凤始终是最具张力的文化符号。这些跨越时空的艺术形象，既承载着“九五之尊”的皇权隐喻，又寄托着“百鸟朝凤”的民间理想，并以各类器物为载体，成为民族精神的永恒图腾。

银鎏金錾鸟纹牌（6世纪，青海湟源古道博物馆）

镂空双龙纹霞帔坠（宋，安徽博物院）

双龙腾飞

这件宋代的镂空双龙纹霞帔坠整体呈鸡心形，坠中镂刻首相向的龙纹。仔细观察可以发现，龙身有四片羽翼，这种带有翅膀的龙纹被称为翼龙纹。

金凤飞舞

银鎏金錾鸟纹牌表面上使用錾刻工艺刻画了一只口衔仙草的凤鸟，其头部有三枚冠羽，尾部亦有排列整齐且向上飘逸的细长尾羽，并用折线、曲线和细密的平行线塑造出身上不同部位羽毛的形状，形象栩栩如生。

凤首高昂

青花凤首扁壶的壶嘴设计为优美高贵的凤首形态，用靛蓝釉料铺色，并绘制精美细节。以细腻的线条与颜色的深浅对比，表现出凤首上飘逸的长羽与颈部细小的短羽，生动逼真，可谓是匠心独运。

景德镇窑青花凤首扁壶（元，首都博物馆）

绿釉蟠龙博山炉（隋，陕西考古博物馆）

蟠龙飞升

博山炉的使用始于西汉，盛行于汉晋，是当时常见的熏香器具。蟠龙双爪上托炉身，粗壮的身体蜿蜒盘旋，缠绕炉柄，肌肉明显，充满力量感。

建筑构件中的艺术美

拓展话题

当泥土在窑火中淬炼为瓦当，当琉璃在高温下绽放华彩，当原木在刻刀下生出纹样，这些原本服务于建筑的构件便完成了从实用物件到艺术品的蜕变。这些散落在宫阙庙宇、民居院落的艺术碎片，诉说着中国建筑艺术的精妙与辉煌。

青龙　白虎　朱雀　玄武

四神瓦当（汉，西安秦砖汉瓦博物馆）

金漆木雕描金漆画西湖风景图大寿屏（清，广东省博物馆）

木雕

木雕在门楣、窗棂、家具等方方面面应用得颇为频繁，其中潮州木雕就以精美的雕工著称。例如这件金漆木雕描金漆画西湖风景图大寿屏将金漆木雕与描金漆画相结合，华丽繁复。

瓦当

这件四神瓦当为西汉年间所制，共计四块，瓦头为圆形，瓦筒呈半圆形，依次在圆形空间内纹有青龙、白虎、朱雀与玄武四大神兽。

龙纹琉璃砖（明，英国大英博物馆）

琉璃砖

琉璃釉为低温铅釉，明代琉璃艺术在山西空前兴盛。此套琉璃砖共四组二十块。枝繁叶茂的牡丹、莲花之间，两黄两蓝四条行龙奔腾咆哮，威武非凡。无论神态、身姿还是鳞片形状等细节，各条龙的处理均不相同。

陶器

POTTERY WARE

晋镇墓罐

安静地守护

国宝名称：晋镇墓罐
所属年代：西晋
出 土 地：甘肃省敦煌市佛爷庙墓群

这件晋镇墓罐高7.8厘米，口径5.4厘米，腹径6.7厘米。

在魏晋的墓葬中常出土有众多用于“镇墓”的陪葬品，例如镇墓兽、镇墓罐（瓶）、镇墓俑等，这类器物被古人认为能够保护死者在墓葬中的安宁。在敦煌地区出土的一众镇墓罐上大多以朱书或墨书写有“镇墓文”，内装有五谷或人俑。佛爷庙墓群中，镇墓罐常与伏羲女娲画像砖、镇墓俑组合出土，构成“文字咒符—图像符号—实物镇压”的三重防护体系。

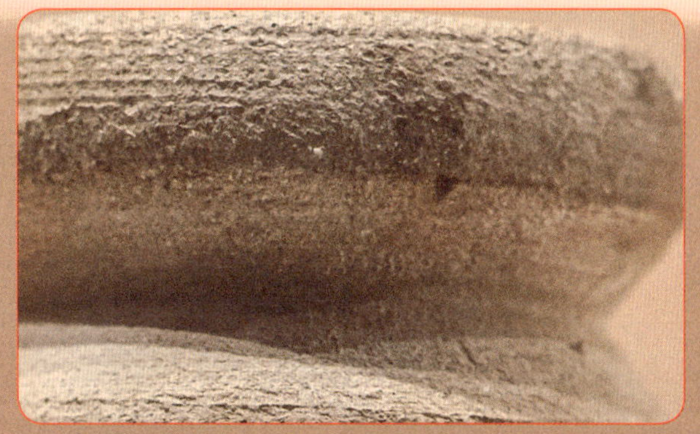

镇墓罐灰陶的质地粗粝质朴，在此时期的墓葬中仍有数量庞大的陶器出现，魏晋时期虽然已经有成熟的制瓷技术，但陶器仍是日常生活以及墓葬中常用的器物种类。

镇墓罐上方以朱书写有：

□年□月□日，□□□身死。今下斗瓶、五谷、铅人，用当复地上生人。青乌子、北辰（或青乌子告北辰），诏令死者自受其央，罚不加尔，移央传咎，远与他乡。如律令。

其中“自受其央，罚不加尔”指死者死后自行承担生前的过失所带来的惩罚，这与佛教思想在敦煌的传播有关。

镇墓罐在敦煌地区的墓葬中常成对出现，一件放置在墓主头部，一件放置在脚边。上方多书写有“解注”辟邪的文字，这种丧葬习俗原本来源于汉代中原地区，随魏晋至十六国时期的中原移民传入敦煌，反映了河西走廊在文化传播中的枢纽作用。

这件晋镇墓罐为灰陶质地，圆口，斜肩，颈部微收，圆直腹，平底，器表有细微的弦纹分布，可能为轮制而成。罐身上以朱红色的行楷书写镇墓文字，内容为对死者的祈祷与对生者的保护。粗粝的陶罐与神秘的文字共同为我们还原了魏晋时期边关地区的墓葬风俗。

小提示

青釉仰覆莲花尊（北朝，中国国家博物馆）

除了镇墓罐以外，魂瓶也是当时常见的陪葬品。这件国宝出土于北朝时北方名门望族封氏的家族墓地。魏晋南北朝时期，佛教风靡一时，在全国有信徒万千。该墓主人以这件富含佛教元素的瓷尊伴随下葬，可见其受佛教影响较深。瓷尊器型庄重，釉色青润凝厚，以莲花元素为主体,塑有华丽雍容又繁复至极的多层纹饰。

国宝小知识

古人的豪华陪葬品

在中华文明的墓葬体系中，陪葬品不仅是财富的象征，更是后人了解并研究古代历史与文化的窗口。这些器物以极致的工艺与独特的形制，诉说着古人对永生的追求、对权力的崇拜与对生活的眷恋。让我们共同来欣赏那些曾深埋于地下的宝藏吧。

晋侯鸟尊（周，山西博物院）

汉圆雕佚身残玉俑头（汉，咸阳博物院）

西汉云龙纹大漆盘（汉，湖南博物院）

青铜器

青铜器是商周时期最重要的陪葬品。山西晋侯墓出土的晋侯鸟尊以凤鸟回眸为造型，表面的羽纹与雷纹历经三千年仍清晰如新，被后人称之为“晋国之瑞”。

玉器

玉器早在新石器时代就是墓葬中常见的陪葬品。例如这件出土于汉元帝渭陵北汉代建筑遗址的玉俑头，很可能是汉元帝生前的钟爱之物。

漆器

漆器是汉代贵族才能使用的珍贵器物，这件西汉云龙纹大漆盘是马王堆汉墓出土的沐浴用具，上方纹样精致流畅，底部还写有“轪侯家”字样。

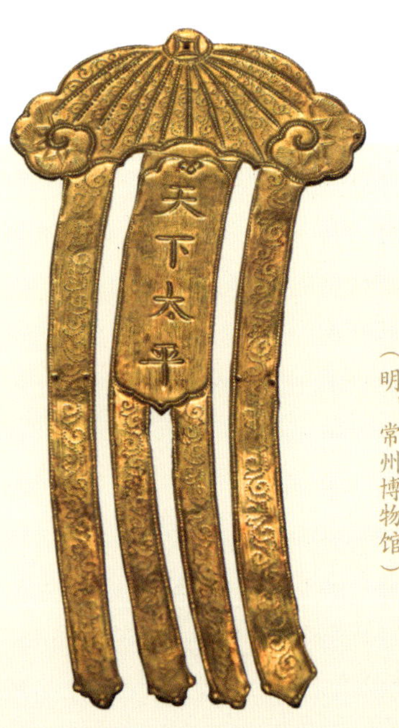

『天下太平』金幡披（明，常州博物馆）

金器

金器同样是墓葬中常出现的陪葬品，不仅皇室贵族会以各类金器陪葬彰显身份地位，一些民间富户的墓葬中同样会有金饰的出现。这件“天下太平”金幡披出土于常州东门和平新村胡长宁墓，上部旗幡呈云头形状，云纹下端连接飘带。

拓展话题

种类丰富的墓葬守卫

在中华大地上沉睡的千万座古墓中，一支支由陶土、木石铸就的“军团”悄然守护着逝者的安宁，这些形态各异的陪葬俑不仅是礼制规范的物质载体，更是一部部用泥土书写的社会变迁史。它们以凝固的姿态跨越时空，将古人对生死的哲思、对权力的想象、对生活的眷恋，永远定格在文明的记忆里。

兵马俑陪葬坑（秦，秦始皇帝陵博物院）

礼兵俑：等级秩序的物化符号

礼兵俑是墓主身份地位的直接反映。例如秦始皇帝陵兵马俑以军阵形式排列，步兵、骑兵、弩兵各司其职，再现秦军“虎狼之师”的赫赫威仪。

三彩天王俑（唐，故宫博物院）

镇墓俑：幽冥世界的守护者

镇墓俑是墓葬中最早出现的俑类之一，其造型演变折射出古代生死观念的变迁。唐代的天王俑多以甲胄武士形象示人，脚踏夜叉或小鬼。以这件三彩天王俑为例，釉彩斑驳间仍可见其当年的雄浑气势，其铠甲纹饰与面部表情的写实风格，堪称唐代雕塑艺术的巅峰之作。

世俗俑：风雅生活的永恒定格

世俗俑以生动的生活场景为主要表现对象。例如三彩釉陶载乐骆驼展现了唐代中西交流下的舞乐生活，而唐三彩仕女坐持鸟俑则展现了古代贵妇的典雅风韵与时代气质，以及养宠逗趣的闲情雅致。

三彩釉陶载乐骆驼（唐，中国国家博物馆）

唐三彩仕女坐持鸟俑（唐，日本东京国立博物馆）

天王俑

守护安宁的使者

天王铠甲的袖缘部分被塑造为兽首形象，臂膀从兽口中伸出，为天王的造型增添了一分神勇。

国宝名称：天王俑
所属年代：唐
材　　质：陶

这件天王俑制作于唐代。

天王俑最初常作为贵族墓葬中体现墓主身份与军事实力的象征而存在，进入唐代，随着佛教文化传入我国，暗合佛教“护法金刚”意象的天王俑成为墓主的“幽冥守护者”。这件天王俑的形象特征融合军事制度、雕塑艺术与宗教文化于一身，不仅是唐代雕塑艺术的精美遗存，更成为研究唐代军事制度、宗教信仰及墓葬文化演变的珍贵实物资料。

天王俑浓眉瞪目，面方而阔，尽显威仪，面目愤怒凶狠，造型生动，充满张力，陶匠将写实与夸张共同融入塑像之中，正是要以这样愤怒凶狠的形象来达到“以凶制凶”的目的。

其身上的甲胄是由魏晋时期的铠甲演变而来的“明光铠”，匠人以现实生活中的天王为原型并作了夸张化处理。天王俑造型威猛，神情凶狠，即使铠甲厚重，还是能看出其魁梧健美的体形，展现出英姿飒爽、威风凛凛的造型特征。

这件天王俑双目圆睁，胡须呈“八”字展开，一手叉腰，一手上举，手中原来应该持有仪刀，天王俑身穿铠甲，下着小口裤，面目严肃，站立于方台之上，呈待命出击的战斗姿态，姿势威武，颇具震慑力。

小提示

三彩凤冠天王俑（唐，洛阳博物馆）

天王俑在唐代的墓葬中常摆设在墓道或墓室前面，往往与镇墓兽一起摆设、成对出现，共同守卫着墓主的安宁。此件三彩凤冠天王俑表现为头戴鸟冠、脚踩小鬼的形象。

唐彩绘陶镇墓兽

威风凛凛的墓葬守卫

国宝名称：唐彩绘陶镇墓兽
所属年代：唐
出土地：甘肃省敦煌市佛爷庙墓群

这件唐彩绘陶镇墓兽高100厘米，面长50厘米，宽32厘米。

这件镇墓兽是一类典型的唐代随葬明器，作为镇守墓室、驱邪避凶的象征物，体现了唐人对死后世界的信仰与畏惧。镇墓兽的造型往往充满想象力，既有兽类形象，也有结合了人面、鸟翼、龙角等元素的形象。这件镇墓兽出土时有部分残损，在考古人员的修复之下，一尊威武神气的唐代异兽呈现在大众面前，它不仅是墓葬文化的象征，也是唐代陶器艺术与宗教信仰相结合的杰出代表。

镇墓兽双耳突出，前额长着弯曲的长角，双目圆睁似铜铃，阔口微张露出尖利牙齿，两腮及下巴布满虬结的胡须，威严中透露出异域风情，很有可能受到波斯萨珊王朝艺术中翼兽造型的启发。

镇墓兽背后耸立着尖尖的长角，长角腾空呈发散状，更加彰显出灵兽震慑四方的威武形象。

镇墓兽两侧的翅膀刻画得细致精美，羽翼层层叠叠的覆盖关系清晰明确，前片为细密的短羽，后方搭配弯曲的长羽，视觉上显得丰富夸张。

这件唐彩绘陶镇墓兽为细泥红陶质地，制作时上方原有的彩绘因时间久远已脱落，相对于隋唐常见的三彩镇墓兽色泽较为朴素，但在外形的塑造上却显得威武张扬。这件镇墓兽头上长双角，四足踞于高台之上，身侧长有羽翼，威风华丽。

小提示

彩绘漆木镇墓兽（战国，上海博物馆）

镇墓兽最早发展于战国时期，流行于魏晋隋唐，至五代时逐渐消失，早期为单一形态，随着时代发展逐步演变为成对出现。早在战国楚墓中就出现过众多单头单身的木制镇墓兽，至唐代镇墓兽主要以陶质为主。《周礼》中记载有一种叫方相氏的神兽，传说可以驱逐怪物，因此人们常将方相氏设置于墓中保卫死者安宁，有学者认为镇墓兽是由方相氏发展而来。

镇墓兽

人面兽身的护卫形象

国宝名称：镇墓兽
所属年代：唐
出土地：甘肃省敦煌市苏家堡唐墓

这件镇墓兽为人面兽身形态，唐代的镇墓兽常常表现为兽面或人面形象，并成对出现，与天王俑或天王俑分列于墓室门前，以守卫的形式“保护”着墓主。这件镇墓俑出土时已残损，仅保留头部、前胸及断裂的角。敦煌地区镇墓兽的出土为我们了解不同地域的丧葬文化提供了依据。当我们凝视它狰狞的面目与夸张的造型时，看到的不仅是古代工匠的精湛技艺，更是一个开放包容的时代对生死命题的哲学思考。

这件镇墓兽为细泥红陶质地，色泽较为朴素，但其外形塑造却威武张扬。这件镇墓兽虽身躯残断，但面部刻画精彩传神，表情狰狞严肃，具有西域特征，作为墓葬中的守卫具有极强的震慑力。

这件镇墓兽头部残存折断的角，双耳呈张开的扇形，这种带有神话色彩的造型和人兽融合的特点，体现了古人对神兽及超自然力量的崇拜。

镇墓兽撇嘴蹙眉，怒目圆睁，肥头大耳，鼻翼宽厚，口下蓄蜷曲的络腮胡，头顶满布尖角。观看这尊人面，会发现其具有明显的西域胡人特征，在同时期出土的三彩人俑也呈现有类似的人物特征，由此可见唐代中西文化交流的深远影响。

三彩人面镇墓兽
（唐，深圳博物馆）

小提示

透过观赏这件三彩人面镇墓兽，我们可以看到唐代人面镇墓兽的面貌，这件镇墓兽四蹄踞于方台之上，头顶长角，两侧长翅，并以三彩色釉加以装饰，工艺精湛，色彩绚烂。

其他文物

OTHER ARTIFACTS

敦煌汉简

敦煌地区的『记事本』

国宝名称：敦煌汉简
所属年代：汉
材　　质：木

敦煌

前广侯官破虏隧戍卒宋死
奉弦二

效谷悬泉置啬夫光以亭行

西域都护府

这枚看似普通的木牍，以简练的笔触印证了汉代敦煌作为丝路咽喉的战略地位。其字体方正严谨，笔画刚劲有力，展现了汉代隶书的成熟风貌。汉代敦煌与武威、张掖、酒泉并称“河西四郡”。通过修筑长城、设置玉门关与阳关，敦煌成为扼守西域通往中原的门户，形成“列四郡，据两关”的军事格局。

这组敦煌汉简尺寸不一，其中“敦煌”牍长7.2厘米，宽4.3厘米。

在敦煌烽燧遗址中发掘有众多精美文物，其中就包含数量庞大的汉简。这批简牍以木质为主，上以隶书墨笔写就，内容涵盖汉代敦煌地区的屯戍制度、军事防御、社会生活等多个方面。

这组敦煌汉简上的文字各不相同，以墨笔书写，例如简牍中提到的“敦煌”“悬泉置”“五年正月壬戌”等信息，以官方文书为主，不仅提供了简牍书写的时间或地点信息，同时也为了解汉代敦煌地区的机构设置与政治政策提供了实物文献资料。

河南郡新成当利里乾充字子游神爵五年正月壬戌过东卩

阳朔二年四月辛丑朔甲子，京兆尹信丞义下左将军使（？）
送康居校尉承书从事其当用者如诏书
四月丙寅左将军丹下大鸿卢、敦煌太守承书从事，其当用者如诏书

效谷悬泉置啬夫光以亭行

前广侯官破虏隧戍卒宋死

这枚简牍上提到了“悬泉置”，悬泉置是汉代敦煌甜水井附近的一处古驿站遗址，用于官方传达消息，接待往来宾客。汉简上的文字不仅还原了汉代敦煌地区的驿站信息，同时也说明了中原对于边塞地区的管理与控制。

小提示

汉代在敦煌构建了“五里一燧，十里一墩”的烽燧预警系统，形成集预警、通信、防御于一体的立体防御体系，保障了丝路的交通安全。敦煌汉简是了解汉代敦煌的军事、行政建制的重要媒介。

唐书地志

天文历法的详尽记录

内文先写州名，再写所属县名，同时还标记有距离西安及洛阳的里程、公廨的本钱、郡县改名的批注等，由此可见该文书为官府书写。

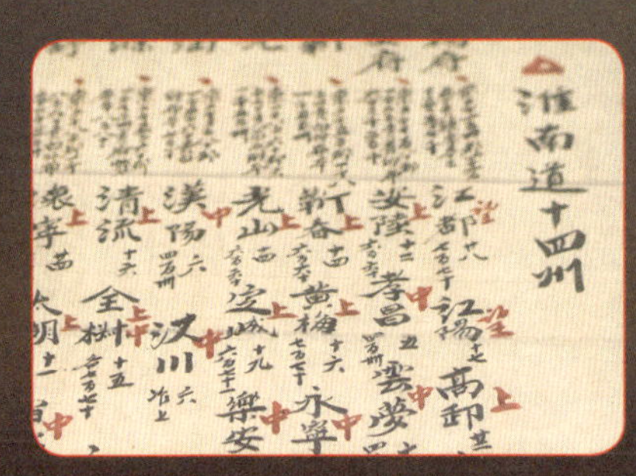

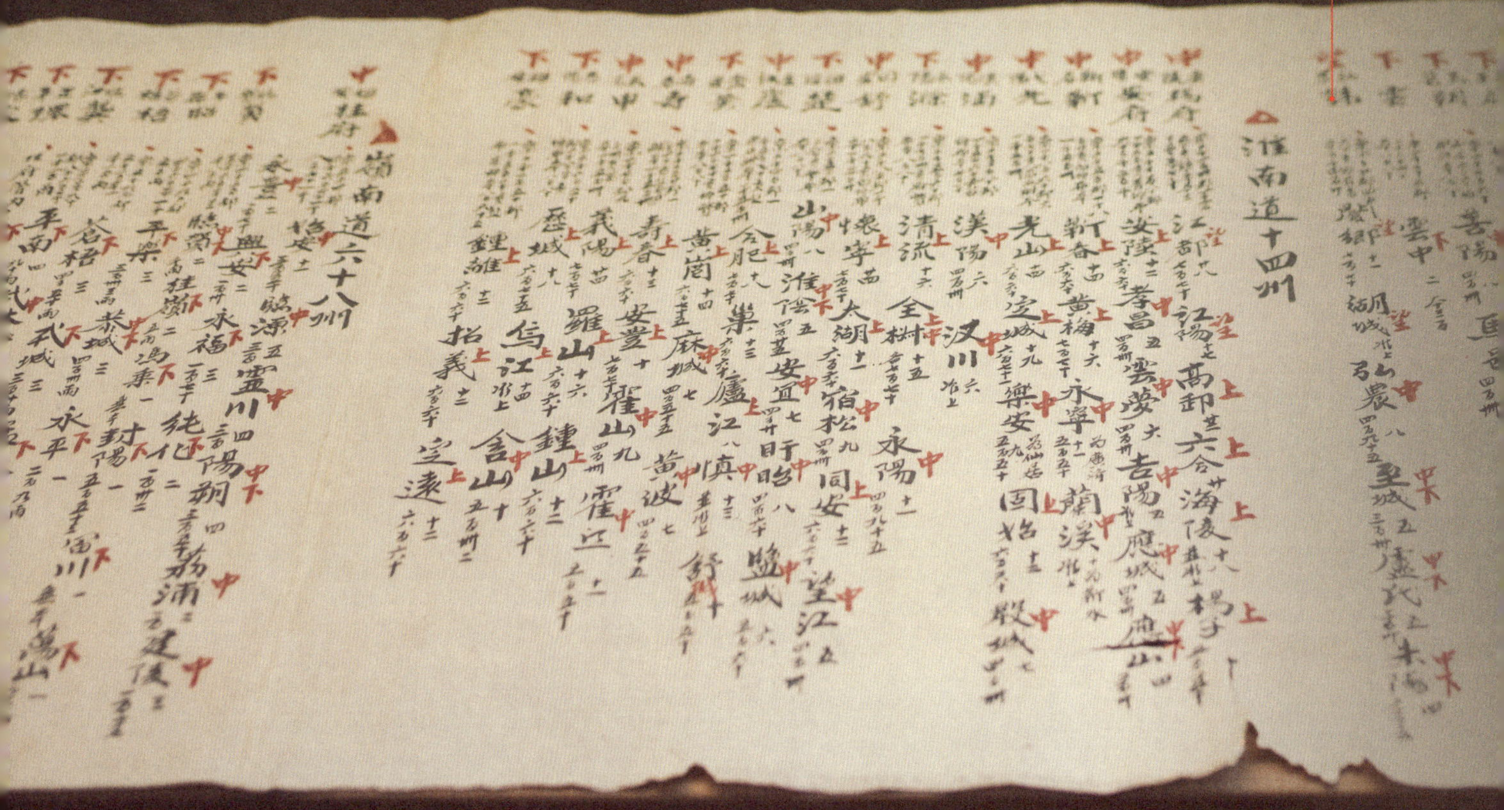

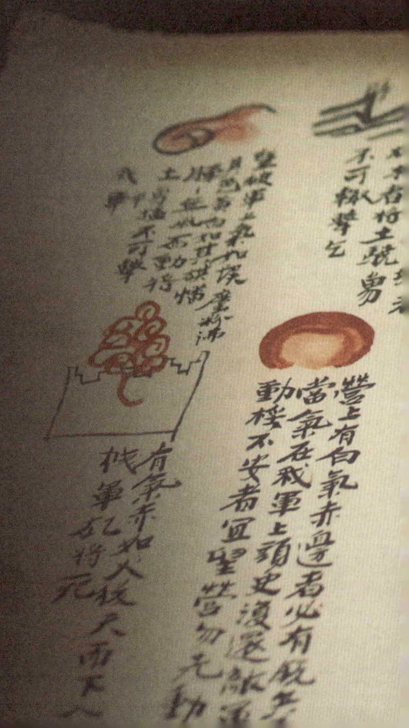

国宝名称：唐书地志

所属年代：唐

出土地：甘肃省敦煌市莫高窟藏经洞

这件唐书地志长301.9厘米，宽31厘米。

唐书地志书写于七张麻纸之上并相互黏结，成书于唐代天宝年间。正面为以楷书墨笔写就，朱书批注的地志信息，为我们详细地介绍了唐代丝绸之路的交通状况。背面则绘制《紫薇垣星图》和《占云气书》，分别描绘了星象图及根据云气来占卜行军时吉凶进退的要诀。这类抄本数量极少，内容翔实，这件文物能够留存至今实属珍贵。

唐书地志上残存文字160行，上方记载了唐代陇右道、关内道、河东道、淮南道、岭南道（唐代将全国划分为十道，文书残存五道），以及这些道所管辖的郡、县的地理信息。背面图画以彩墨勾勒绘制，并加以注解。地志内容简洁生动，具有一定官方性质，是研究唐代历史地理信息的重要文献资料。

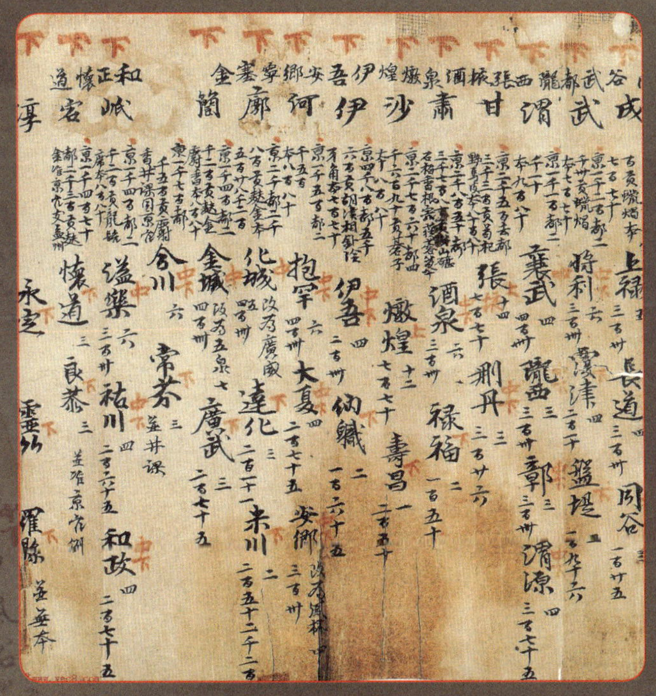

从文字内容来看，对于陇西道的记载颇为翔实，很可能书写于陇西或敦煌地区。

《占云气书》共有76个图解和48条文字说明，唐书地志及其背面的星图云气，犹如两面镜子，一面映出唐代的地大物博，另一面照见古人对天地的敬畏之心。

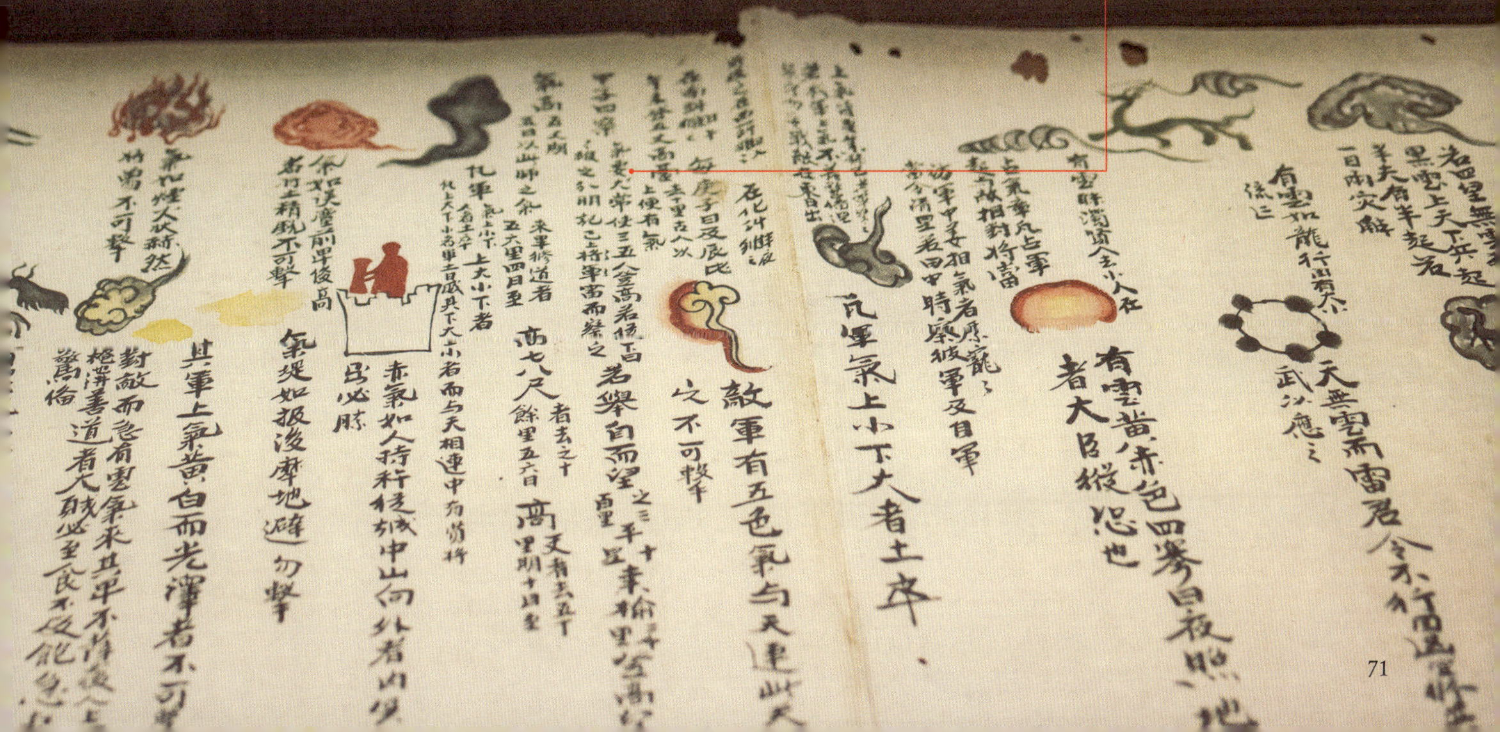

元梵文沙符木刻板

精雕细刻的佛教印版

国宝名称： 元梵文沙符木刻板

所属年代： 元

出 土 地： 甘肃省敦煌市马圈湾硝厂

这件元梵文沙符木刻板长15.8厘米，宽10.5厘米，厚2厘米。

梵文沙符木刻板是元代敦煌地区用于印沙佛事活动的印版。佛教信徒通过在沙地上印制佛像来诵经祈福。木刻板将阳刻佛像与阴刻文字相结合，线条流畅，雕刻工整。独特的造型、神秘的文字和丰富的历史背景，使其成为研究元代佛教艺术、丝绸之路文化交流的重要实物资料。

周围的梵文包含有佛教咒语，且这些文字保留了明显的手写体痕迹，具有书法美感。

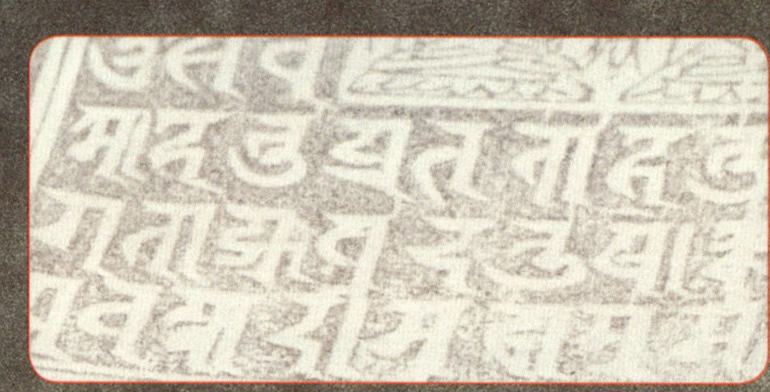

沙符上的图像与文字组合具有深刻的象征意义。金刚坐佛象征佛陀在金刚座上降魔成道，四臂观音代表慈悲与智慧，顶髻尊胜佛母则寓意消除业障、增长福寿。

这件沙符木刻板为木质，呈长方形。正面中央阳刻金刚坐佛、四臂观音及顶髻尊胜佛母组成的品字形三尊图像，佛像周围阴刻兰札体佛教梵文咒语；背面中央残留有联珠纹饰长方形痕迹，推测该位置曾安装有手柄。

得益于木板雕刻技术的发展，木版年画也成为我国年节时批量制作并张贴于门窗之上的工艺品。例如朱仙镇的木版年画线条奔放，形象生动，深受民众喜爱。

朱仙镇木版年画（清，开封博物馆）

这件木刻板采用阳刻图像与阴刻文字相结合的工艺，刀法平顺，线条工整。其制作工艺显示，当时的工匠已熟练掌握雕版印刷技术，并能够将复杂的宗教图像和文字精确地雕刻在木板上。这种技术不仅用于宗教领域，也是后来书籍印刷的雏形。

巧夺天工的华丽木雕

这些木雕文物跨越千年时空，以金漆、竹根、橄榄核等不同材质，展现了中国木雕艺术“三分人工，七分天成”的美学精髓。从祭祀神龛的庄重华丽到文玩摆件的清雅脱俗，每一件作品都承载着工匠的巧思与时代的印记，它们不仅是技艺的传承，更是中华文明对自然、信仰与生活的诗意表达。

金漆木雕博古人物故事小神龛（民国，广东省博物馆）

华丽的祭祀神龛

神龛是供奉神像或放置先祖牌位的小阁，出于对先祖的尊敬，一些富贵之家会将神龛制作得精美豪华。比如这件金漆木雕博古人物故事小神龛，其上镂雕精细的人物及花卉并辅以金漆山水画，是潮州木雕中的上乘之作。

竹雕梅花绶带（清，台北故宫博物院）

雅致的文玩摆件

这件竹雕梅花绶带以竹根为材，运用圆雕与透雕技法塑造出梅枝横斜、绶带鸟栖息的画面。梅枝的苍劲与绶带鸟的柔美形成鲜明对比，鸟的每根羽毛均以薄刃刀刻出细如发丝的纹路。作品取“梅开五福，绶带连绵”的吉祥寓意，既是文人书房案头的雅玩，也反映了明清时期“岁寒三友”题材在竹刻艺术中的流行。

雕竹人物香筒（清，台北故宫博物院）

美观的熏香用具

香筒是用于存放香丸、鲜花等香料的小型香具，香筒上镂雕山水树石场景，人物分布其间，造型生动，画面丰富。香料置于其中，香气通过筒壁透雕的竹节纹散发，将实用功能与文人雅趣完美结合。

拓展话题

雕橄榄核舟（清，台北故宫博物院）

精细的微缩景观

这件雕橄榄核舟以“东坡夜游赤壁”为题材，在仅3.4厘米长的橄榄核上雕刻苏东坡、船客、书童、船夫等多个人物。核舟底部阴刻《后赤壁赋》全文，字径不足1毫米却笔锋毕现，展现了清代微雕艺人的鬼斧神工。

竹雕八仙（清，台北故宫博物院）

吉祥的人物雕刻

八仙是道教中的神话人物。他们脱胎于人间，象征着男女老少、贫富贵贱、身份各异的不同人群。每个神仙在凡间的故事都独特有趣。与传统神仙庄严神圣的形象不同，八仙形象亲近民众，象征吉祥长寿，深受人们喜爱。

逼真的仿生笔筒

此笔筒选用天然瘿木瘤为材，巧妙利用木材自然形成的扭曲纹理，雕出灵芝造型。这种“大朴不雕”的审美取向，与文人崇尚天然质朴的艺术追求高度契合，是明代文人木器崇尚自然的典型代表。

瘿木灵芝笔筒（明，台北故宫博物院）

莫高窟与榆林窟

作为世界现存规模最大的佛教艺术宝库，敦煌将佛教东传的历史定格在丝绸之路上。这里不仅有莫高窟第45窟唐代菩萨的优美体态，更有榆林窟西夏壁画的神秘构图，每一处斑驳的崖壁都蕴藏着古印度、波斯、中原文明交融的密码。

漫步在敦煌的洞窟之间，仿佛穿越于多维时空。壁画中商旅驼队“响起”的驼铃声与现代游客的惊叹声相交织，供养人画像上的朱红印章与数字采集设备的蓝光相映，历史与现实在此刻达成奇妙对话。这些在戈壁风沙中矗立千年的艺术圣殿，既是佛教东传的里程碑，也是文明互鉴的见证者，更是人类创造力的永恒丰碑。

莫高窟

莫高窟的修建贯穿了自十六国到元代的漫长岁月，几乎涵盖了中国历史上最辉煌的朝代。其营造时间之长、规模之巨，在整个中国的石窟寺中都属罕见。莫高窟是一本佛教的百科全书，向我们展示了佛教进入中原后的演变历程。在人们认识到莫高窟本身极高的考古价值之前，其审美价值就先一步进入了人们的视野。因外国"探险家"从莫高窟藏经洞中带走了大量珍贵的文物，莫高窟在尘封百年后再一次被世人所知。莫高窟独特的美震惊了世界，对欧洲近现代艺术产生了深远的影响。而被誉为"敦煌保护神"的常书鸿先生，也是在法国留学时看到了《敦煌石窟图录》，才下定决心回国，保护这座艺术的圣殿。

独特的东方韵味

同为宗教艺术题材，莫高窟的表现形式与西方有很大的不同。艺术家不过分地注重写实和光影的塑造，也没有用夸张的对比去表现大善大恶、大喜大悲。他们将最朴素的情感寄托在画笔里，并且不满足于承袭来自天竺、龟兹、凉州的画法，创造出新的粉本范式，将能看得到的一切美好的意象投射到神佛、菩萨身上，在画作中融入自己对世俗人生的认知。他们用画笔构建了这座大漠中的佛国圣殿，将千年前的美传承至今。

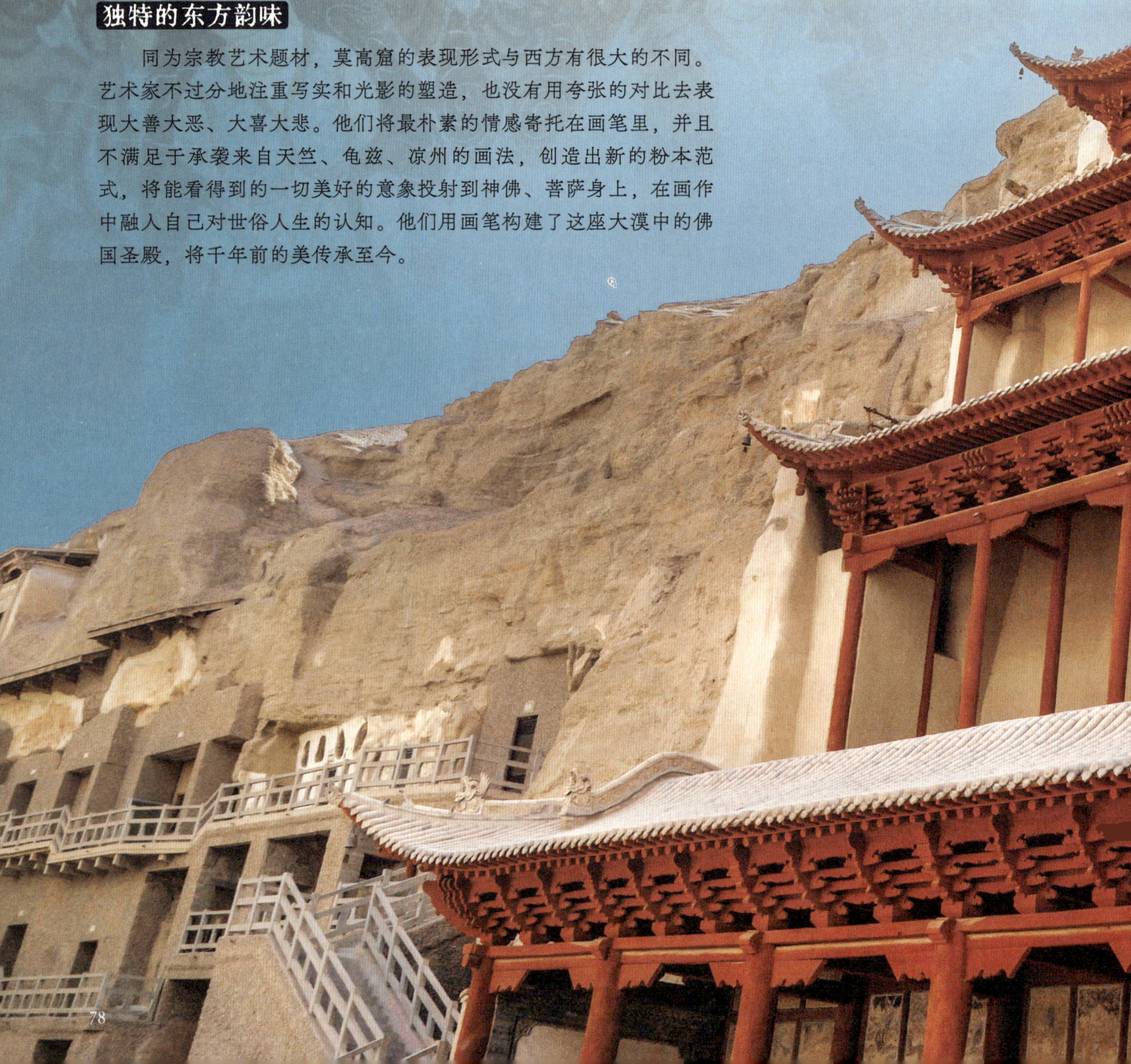

北魏第257窟

莫高窟第257窟开凿于北魏，为中心塔柱式洞窟。东壁塌毁，现仅存人字披少部分及塔柱。中心塔柱四面开龛，东向面主龛内塑倚坐弥勒说法像（部分损毁），龛内两侧绘供养菩萨，龛顶有飞天及背光图案，龛楣装饰精美。主龛外仅北侧留存一尊天王像，是莫高窟现存北朝唯一的彩塑天王像。塔柱其余三面也均开龛，塑有不同佛像与菩萨像。窟内壁画内容丰富，前半部原有人字披下大型说法图，现大部损毁，后半部西、南、北三壁壁画呈三段式布局，上段画天宫伎乐，中段画千佛，下段画药叉。西壁绘著名的九色鹿王本生故事，西壁北段与北壁绘须摩提女因缘故事。这些故事画以人物、动物为主，延续了汉晋传统画风。第257窟的连环故事画采用全新构图形式，是敦煌壁画故事的经典之作。

正在睡觉的九色鹿发现有人溺水。

勇救落水者。

九色鹿告诫落水者不要告诉他人自己的居所。

九色鹿王本生图

窟内除佛教造像外，绘制在墙壁上的各类故事画同样具有极高的艺术价值。其中，以“九色鹿王本生图”最为著名。九色鹿王本生图讲了一个忘恩负义终将获得报应的故事，其中蕴含佛教因果循环、业力报应的思想，由于上海美术电影制片厂曾将九色鹿的故事制作成动画，因而这个故事家喻户晓。

落水者浑身生疮，遭到了报应。

国王寻求九色鹿下落，落水者为获赏赐告密。

国王带兵围捕九色鹿，在听闻救人实情后深受感动，放弃捕猎。

西魏第285窟

莫高窟第285窟修建于西魏时期，经历唐、宋、西夏、元等朝代重修，洞窟中的造像整体保存相对较好，是西魏时期的“艺术教科书”。该窟窟顶为覆斗形顶，石窟平面为方形。南壁和北壁各有4个禅窟。西壁有三个圆券形佛龛，正中的主尊为一身坐佛，左右为打坐参禅的僧侣造像。从这种内有禅窟、佛龛的结构可以推断出第285窟为禅修窟。同时，该窟西壁的塑像和壁画也融合了印度、中原、西域的多种元素，堪称文明的交响曲。

焰火般的佛背装饰

此处塑像为西壁中间龛内主尊，倚坐说法佛着褒衣博带式袈裟，衣衫垂落、轻薄贴体。光背为多层火焰纹，上方画有飞天。犍陀罗的佛像只用简单的圆环来表现佛光。龟兹石窟中的佛像，其佛光大多用彩色圆环表现，间有放射状的波纹线或折线装饰。到了北朝时期，工匠们多使用火焰来表现佛光的炽烈和光明，通过套联色彩来使火焰图案前后相接，给人以连绵不绝之感。

○ 穹顶之下的天地人神

第285窟除了形形色色的各路神佛，最值得一看的就是保存极好的窟顶壁画，可以分为中央藻井及周围四披壁画。四披壁画是佛教的宇宙观与中原传统神话、生死观相结合的产物。壁画描绘了二身飞天、雷神、鸾凤、女娲、伏羲等众多神话形象，各式各样的神灵异兽在天空之中飞舞，代表“天”。下边四周描绘有山岭、狩猎、禅修等图像，代表凡间大地，展现了一个富有空间感的宇宙。

五百强盗成佛图

“五百强盗成佛图”无疑是第285窟中的杰作，西魏匠人用连环画的形式诠释了这一佛教故事。这个故事讲的是古代曾有个国家，国中有五百人造反为盗，使国家民不聊生，于是国王派兵清剿，他们被国王的大军打败，五百人均被俘。这五百人受到国王审讯，被处以挖眼、割耳等酷刑后放逐山林。这时佛祖现身，为其说法，并让他们双眼复明，恢复如初。五百名强盗被佛祖的讲法深深触动，决定剃发出家，归隐山林，潜心修习佛法，最后立道成佛。这一则壁画巧妙地用五个人代表了五百人，清瘦的人物形象凸显出了南北朝时期“秀骨清像”的审美意趣。画师选取战斗、放逐、说法等关键情节，并用建筑和山林木石做画面的分割和过渡，使故事得以在一个完整的空间呈现。画面中战时激烈的斗争与皈依后平静的表现形成鲜明的对比，进一步凸显了故事的主题。

围剿

盗匪作乱，国王派骑兵大军征讨，激战后制服强盗。画面中强盗穿的是南北朝时期北方地区平民百姓常穿的服饰。而士兵则为重装骑兵，人和马身上都有铠甲。

复明

被放逐于山野中的强盗们赤身露体，偶然遇见了林中的佛塔得以复明。重获光明的他们喜极而泣，兴高采烈。

说法

佛祖现身，为五百名强盗讲法，助其开悟。佛陀坐着的筌蹄式坐具是南北朝时期士大夫阶层非常流行的坐具。随着佛祖讲法，他的足边有奇花抽枝发芽。

审判

强盗们被官兵击败、俘虏，并且被捆住双手带到国王面前接受审判。后来，他们被剥下衣服并处以剜眼等极刑。画面上的国王依照中原贵族的样子，手执麈尾，头戴通天冠。屋顶上方，两只黑色的斗鸡正在对峙，好似在影射人与人之间无休止的争斗。

皈依

曾经的强盗决心放下恩怨，皈依佛门，周围花雨落下，奇花绽放，热烈地欢迎这些新的信徒。在左侧山林中，控弦不发的猎人似乎象征着“放下屠刀”，而这里前来饮水的野驴反映了他们聆听佛法“如饮甘露”的心情。

清修

五百名比丘归隐山林，静心修行，画面下方跑向母鹿的小鹿暗合“迷途知返”之意。这些均与整个石窟禅修的主题相吻合。

榆林窟

自莫高窟向东100千米左右，在沟壑密布的大地上，一段弯月般的河谷中有着被誉为“莫高窟姐妹”的榆林窟。榆林窟位于甘肃省酒泉市瓜州县，早在西汉敦煌郡初设时，瓜州就属于敦煌郡，因此榆林窟与莫高窟一脉相承，全部属于“敦煌石窟”，同为河西走廊文化圈。十六国时，瓜州经历过前凉、前秦、后凉、西凉、北凉等政权的统治，成为丝绸之路上的重镇。相传，玄奘西行取经经过的玉门关，指的就是瓜州的玉门关。

榆林窟现存洞窟为43个，分布在榆林河谷两岸的崖壁之上，其中，榆林窟第3窟、第25窟在整个敦煌石窟中有着极其重要、不可取代的地位。榆林窟的洞窟形制和壁画风格与莫高窟十分相似，但又有其独特之处，其中保存了许多西夏和元代的石窟，这些石窟以藏传佛教为主，表现出中国不同民族的审美情趣。榆林窟的西夏艺术在敦煌石窟中尤为突出，不仅在敦煌，在整个中国的石窟寺艺术中都占据着重要的地位。

西夏第3窟

榆林窟第3窟建于西夏统治瓜州的后期，是一座极具代表性的洞窟，其艺术风格独特且成熟，融合了多元的内容，兼具汉传佛教与藏传佛教的特色。洞窟平面呈长方形，顶部为穹顶结构。洞窟中央后方设有一座八角形的三层佛坛，上面供奉着几尊清代的佛像。洞窟四壁下部有清代修筑的双层台基，上面安置着十八罗汉像。窟顶绘有曼陀罗图案，中央是五方佛。榆林窟第3窟的壁画内容丰富多样，艺术表现精湛，生动地展现了西夏时期佛教艺术的繁荣，为研究西夏佛教文化和艺术提供了珍贵的实物资料。

普贤菩萨与西行求法

窟内西壁门的南侧绘有一铺设色清雅、宛如水墨画般的普贤变壁画，其中所绘的普贤道场的“峨眉山景图”正是北宋时期十分经典的水墨山水范式，这充分展现了西夏对中原文化的学习。画中普贤菩萨微微低头，俯视下方，面容丰腴，神情平和慈悲，手拿经书，衣带翻飞。菩萨的坐骑六牙白象足踏莲花，身后环绕着众菩萨、天王等，在天王旁边还有头戴东坡巾化作老人形象的文殊菩萨。在整铺壁画最左侧，绘有“唐僧取经图”。

盛唐第25窟

榆林窟第25窟为前后室结构，前室之前有进深较长的前甬道，平面呈横方形，一面斜坡顶，后甬道较短，主室呈方形覆斗顶，中央设方形佛坛。不过，坛上仅存一尊经清代重修的结跏趺坐主尊彩塑像，其余彩塑已毁。

洞窟壁画以经变画为主，北壁为弥勒变，南壁为观无量寿佛经变，东壁绘“八大菩萨曼荼罗”，西边窟门两侧绘有文殊菩萨及普贤菩萨。壁画色彩鲜艳，历经岁月仍不失光彩，融合了汉藏艺术风格，既体现了唐代的审美风格，又展现出吐蕃文化的特色，展现出中唐时期高超的壁画艺术水准。

乐舞盛唐

此铺壁画绘于榆林窟第25窟南壁，是典型的净土经变图像。榆林窟第25窟建造于安史之乱后吐蕃统治瓜州的时期，因此该铺壁画从用色到绘制细节，均带有吐蕃风格。画面中央部分为极乐世界，绘有恢宏壮丽的亭台楼阁，正中有主尊无量寿佛坐于莲花座上说法，两侧侍立大势至菩萨和观世音菩萨，周围环绕诸圣。两侧还绘有“未生怨”和“十六观”的故事，以花朵纹边饰分隔。

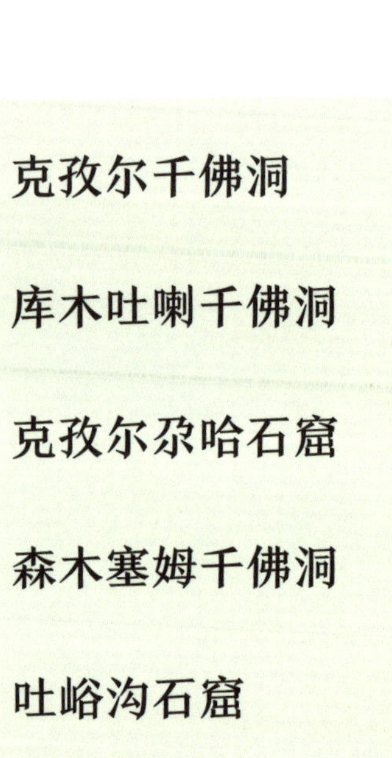

克孜尔千佛洞

库木吐喇千佛洞

克孜尔尕哈石窟

森木塞姆千佛洞

吐峪沟石窟

柏孜克里克千佛洞

莫高窟

马蹄寺石窟

天梯山石窟

炳灵寺石窟

水帘洞石窟群

大像山石窟

麦积山石窟

北石窟寺

南石窟寺

王母宫石窟

云冈石窟

羊头山石窟

龙门石窟

巩县石窟

天龙山石窟

响堂山石窟

灵泉寺石窟

石泓寺石窟

龙山石窟

钟山石窟

万安禅院石窟

皇泽寺摩崖造像

鹤鸣山道教石窟寺及石刻

南龛石窟

水宁寺石窟

邛崃石窟

安岳石窟

东嘎皮央遗址

在敦煌博物馆的展厅正中，精美的敦煌莫高窟第45窟复原模型呈现在观众面前。第45窟是盛唐时期的代表之作，是这一时期莫高窟的最高水准。龛中主尊为一彩塑跏趺坐佛，眉目慈和。主尊两侧从内到外依次为阿难和迦叶、两位菩萨和两位天王。各塑像面容栩栩如生，衣服上绘有精细华美的纹饰，尤其是两侧的观世音菩萨和大势至菩萨，被认为是唐代彩塑菩萨的上乘之作。

敦煌莫高窟第45窟复原模型

图书在版编目（CIP）数据

敦煌博物馆 / 红糖美学著. -- 武汉：华中科技大学出版社，2025. 6. --（中国博物馆全书）.
ISBN 978-7-5772-1814-4

Ⅰ. G269.274.24

中国国家版本馆CIP数据核字第2025DG8898号

中国博物馆全书. 第三辑 敦煌博物馆 红糖美学 著

Zhongguo Bowuguan Quanshu. Di-san Ji Dunhuang Bowuguan

出版发行：华中科技大学出版社（中国·武汉） 电话：（027）81321913
华中科技大学出版社有限责任公司艺术分公司 （010）67326910-6023

出 版 人：阮海洪

责任编辑：张 颖 刘昊威 夏瑞付 林晓春 封面设计：魏 薇

责任监印：赵 月 张 丽

制 作：王玉平

印 刷：河北朗祥印刷有限公司

开 本：889mm × 1194mm 1/16

印 张：60

字 数：663千字

版 次：2025年6月第1版第1次印刷

定 价：998.00元（全10册）